MANDALAS modernistas

A arte catalã

Ilustrações:
Montserrat Vidal

V&R EDITORAS

Título original: Mandalas modernistas
Tradução: Sandra Martha Dolinsky
Desenhos: Montserrat Vidal

www.livropresente.com

Rua Coronel Lisboa, 989 – Vila Mariana - CEP 04020-041 – São Paulo – SP
Tel./Fax: (55 11) 4612-2866 - editoras@vreditoras.com.br

ISBN 978-85-7683-198-3

Impressão e acabamento: Type Brasil
Impresso no Brasil • Printed in Brazil

Dados Internacionais de Catalogação na Publicação (CIP)
(Câmara Brasileira do Livro, SP, Brasil)

Vidal, Montserrat
Mandalas modernistas: A arte catalã / Montserrat Vidal; ilustrações do autor;
[tradução Sandra Martha Dolinsky].
Cotia, SP: Vergara & Riba Editoras, 2009.

Título original: Mandalas modernistas.
ISBN 978-85-7683-198-3
1. Desenhos - Aspectos religiosos 2. Mandala
I. Título.

09-04204 CDD-291.37

Índices para catálogo sistemático: 1. Mandalas : Desenhos sagrados : Religião comparada 291.37

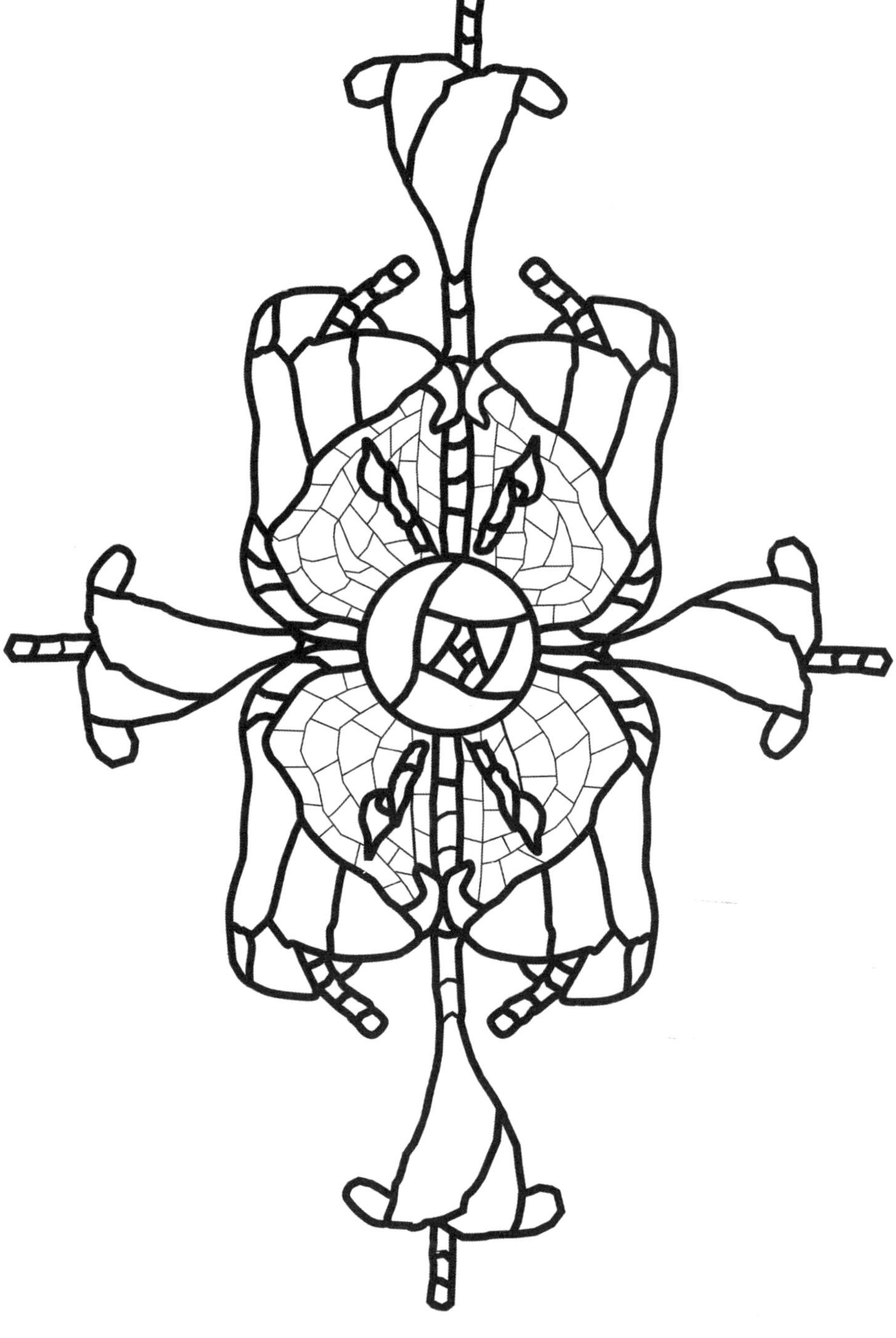

Índice

A beleza
do Modernismo

Mandalas modernistas

O Modernismo foi o movimento artístico que se impôs na Europa no final do século 19 e início do 20. Em cada país recebeu uma denominação: *art noveau* na Bélgica e na França, *modern style* na Inglaterra, *jugendstil* na Alemanha etc. Apesar de mostrar diferenças entre si, todos eles pretendiam uma ruptura com os estilos dominantes da época para criar uma estética nova, na qual predomina a inspiração na natureza e em que também se incorporam as novidades derivadas da Revolução Industrial. Não é coincidência que na Catalunha esse movimento tenha tido tão grande aceitação entre os industriais e financistas catalães, que encomendaram suas casas aos jovens arquitetos que advogavam por esse novo estilo.

Efetivamente, a natureza e seus ritmos foram os modelos inspiradores do Modernismo. Quando Antoni Gaudí desenhava as grandes colunas da cripta central da *Sagrada Família* não pensava em outra coisa senão na rotação das fibras lenhosas do tronco de uma árvore. A natureza foi seu modelo na busca por novas maneiras de sustentar de forma mais simples e eficaz os diferentes elementos arquitetônicos, que até então haviam precisado de contrafortes e muros de arrimo. Também nela se inspirou a decoração, concebida não como um adorno da obra, mas como a obra em si. Nesse afã totalizador das artes, na concepção da obra inteira como uma entidade orgânica, ergue-se como mestra a natureza, que em sua observação mais atenta revela sutis interconexões entre todos e cada um dos elementos.

Por essa atenção à organização do cosmos, a arquitetura e a decoração modernistas são uma fonte inesgotável de formas artísticas que apresentam a estrutura básica da mandala: a organização ao redor de um centro com o qual se estabelecem relações dinâmicas a partir de qualquer um dos pontos da mandala, e um limite externo (seja explícito ou implícito, pela própria estrutura da mandala) que confere unidade e "perfeição" (no sentido de "acabamento") ao conjunto.

O PARK GÜELL

A residência-jardim concebida pelo fabricante e mecenas Eusebi Güell e Antoni Gaudí é um dos monumentos mais característicos do Modernismo. Esse projeto pretendia ser uma distinta área residencial, "uma colônia autônoma de estudiosos que querem viver em comunidade, mas também isolados", nas palavras do arquiteto. Para isso, inspiraram-se nos campi universitários ingleses, com moradias de estudantes em meio a amplos espaços naturais, e a palavra Park do nome revela essa influência anglo-saxônica. Mas um passeio pelo recinto nos revela quão variados foram os estímulos: desde a Grécia Clássica – pois Gaudí tomou como modelo o oráculo de Delfos, um dos centros espirituais mais venerados da Antiguidade, e cercou o parque de sete portas, recordando a cidade de Tebas – até a maçonaria e o catolicismo, naquela época fortemente confrontados. A primeira mandala de nossa coleção é uma interpretação dos motivos que decoram o dorso do banco que se apoia sobre as colunatas do chamado "Templo"

ou “Mercado”. Esse banco, espantoso porque fica praticamente suspenso no ar, apresenta em desenhos sucessivos, realizados com a técnica do mosaico trencadís, a metamorfose de um caranguejo em diferentes posições, com suas poderosas pinças. A variação desse motivo faz referência ao signo astrológico de Câncer, que era precisamente o de Gaudí.

A segunda mandala é uma recriação da chamativa figura na forma do fungo *amanita muscaria,* que coroa a chaminé do pavilhão agora transformado na livraria do parque. O arquiteto introduziu este elemento quando realizou a galeria da casa do sr. Calvet, um estudioso amador de fungos. A *amanita*, com seus fortes venenos alucinógenos, relaciona-se com as cerimônias religiosas ancestrais, os xamãs, os transes e os estados de euforia. Drogas similares inspiraram grandes artistas do século 19, como Baudelaire, Rimbaud ou Delacroix.

A terceira mandala reproduz um dos *plafonniers* que decoram o teto do Templo das Colunas. Pertence a uma série de catorze *plafonniers* menores que simbolizam as fases da lua, e que se situam ao redor dos quatro maiores que representam o sol em cada uma das estações.

TORRE BELLESGUARD OU CASA FIGUERAS

Em uma das mais amenas paragens da serra de Collserola ergue-se a Casa Figueras, no lugar em que Martín I, o Humano estabeleceu sua residência de verão em 1408. Este rei batizou o local como Bellesguard, pelas boas qualidades e beleza da paisagem. A viúva de Jaume Figueras, Maria Sagués, encomendou a Gaudí em 1900 a nova residência da família, e o arquiteto, conservando o pouco que restava do régio edifício (duas torres meio destruídas e um muro), fez sua particular homenagem ao gótico catalão. A mandala 5 reproduz um fragmento do vitral da fachada principal, emoldurada por grossas jambas decoradas com estrelas brancas sobre fundo azul. Gaudí acrescenta à originalidade do design a projeção da estrela ao exterior, fazendo com que abandone o plano em duas dimensões para ganhar um volume e uma perspectiva totalmente inovadores.

HOSPITAL DE LA SANTA CREU I DE SANT PAU

O emblemático hospital da cidade foi construído graças ao banqueiro Pau Gil i Serra, que em seu testamento doou quatro milhões de pesetas para sua edificação. As obras tiveram início em 1902, a cargo de Lluís Domènech i Montaner, e o hospital constitui uma verdadeira cidade, com ruas, jardins e edifícios. Os pavilhões modernistas do recinto, todos eles diferentes entre si, mas com estruturas similares, erguem-se em meio a amplas áreas ajardinadas que permitem a entrada da luz e uma ótima ventilação, de acordo com as novas concepções de higiene e saúde pública promovidas pelo médico Pere Felip de Monlau e por urbanistas e engenheiros como Ildefons Cerdà.

A CRIPTA DA COLÔNIA GÜELL

No centro da colônia proletária de Santa Coloma de Cervelló, propriedade do empresário têxtil Eusebi Güell, ergue-se a cripta desenhada por Gaudí. O projeto da igreja desta organização produtiva e social ficou inconcluso, mas na observação dos desenhos do arquiteto aprecia-se a experimentação arquitetônica que haveria de conduzir a sua culminação na magna obra da *Sagrada Família.* Com o estilo tão singular de Gaudí, os janelões da cripta representam uma cruz de múltiplas cores (mandala 9). Os vãos externos, de inspiração naturalista, assemelham-se a gotas d'água petrificadas, através das quais penetram feixes de luz multicolorida. Uma curiosidade: a grade externa dessas janelas foi feita com agulhas estragadas procedentes dos teares da fábrica da colônia.

A CASA TERRADES

Popularmente conhecida como a casa "de les Punxes" ("das Pontas"), a Casa Terrades, construída por Puig i Cadafalch entre 1903 e 1905, mostra uma fachada inspirada na arquitetura medieval e no gótico flamífero centro-europeu. As quatro torres redondas, arrematadas com agulhas cônicas, fazem dessa casa uma espécie de castelo, com grandes balcões e tribunas tão ao gosto da Barcelona do início do século.

PALAU DA MÚSICA CATALÃ

"Toda ideia reclama uma forma; toda joia, um estojo." (Lluís Millet, no discurso inaugural do Palau da Música Catalã, 1908.)

A suntuosa decoração da sede do Orfeão catalão inspirou as mandalas 13, 14, 15, 16, 17, 18 e 19. O edifício, projetado por Lluís Domènech i Montaner, reuniu grandes personalidades das artes decorativas: ceramistas, vidreiros, mosaicistas, pintores e escultores, a maioria dos quais já contava com uma longa tradição familiar de artesãos. O arquiteto catalão concebeu o Palau como um espaço inundado pela luz, fato pelo qual a atividade de vidreiros como Antoni Rigalt foi fundamental para sua realização bem-sucedida. Forma, luz e cor ficavam reunidos nos vitrais da Sala Lluís Millet (mandala 13), do *foyer* do Palau (mandala 15) e, com espetacular realização, na enorme claraboia que parece cair sobre a sala de concertos como uma enorme gota com a figuração do sol (mandala 17). Por todo lado adornam o Palau os motivos florais, como os que inspiram as mandalas 14, 16, 18 e 19, realizados em mosaico para enfeitar as numerosas colunas do edifício.

LADRILHO DO PASEO DE GRACIA

O piso do Paseo de Gracia de Barcelona é uma homenagem da cidade a seu arquiteto mais emblemático. Esse ladrilho foi desenhado por Gaudí para pavimentar a Casa Batlló, mas, por uma série de imprevistos na produção, não chegou a ser aplicado nesta construção, e sim no imóvel que imediatamente depois foi projetado: a Casa Milà, mais conhecida como La Pedrera. O design dessa lajota sintetiza duas constantes na obra de Gaudí: a geometria e a representação naturalista, ambas cheias de um forte componente simbólico. O arquiteto escolheu a forma hexagonal, rompendo com o design quadrado tradicional que reproduzia um mesmo motivo em cada lajota. Esse hexágono, porém, só mostra um terço dos elementos, representados em um suave baixo-relevo. Por isso, para apreciar o desenho completo é ne-

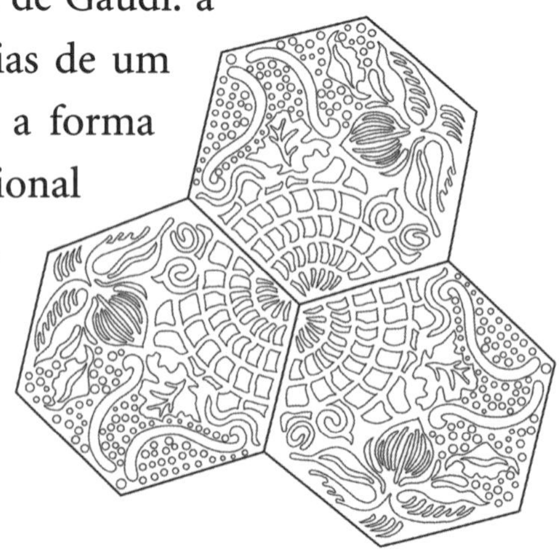

cessário combinar pelo menos sete delas. Então, podemos ver representados uma estrela-do-mar, um caracol e uma medusa, todos animais marinhos de formas sinuosas, que salvam as retas bordas do hexágono e conferem ao conjunto dinamismo e continuidade.

A CASA NAVÀS

Um jardim encantado, delirante e sensual - é esta obra do arquiteto Lluís Domènech i Montaner e do decorador Gaspar Homar. A Casa Navàs, situada no coração da cidade de Reus, em Tarragona, é uma das expressões mais emblemáticas do Modernismo fora de Barcelona e seus arredores. Por trás de uma fachada solene e moderada em sua decoração escondem-se mais de duzentos metros quadrados de vitrais, entre claraboias, vãos, portas e janelões. O interior do edifício parece ensimesmar-se nos milhares de rosas, laranjeiras, hortênsias, gardênias, girassóis e as flores mais estranhas, inclusive imaginárias, que ornamentam cada um de seus recantos. Nesse jardim dos sonhos, construído em pedra, mosaico, madeira, cerâmica e cristal, foram inspiradas as mandalas 27, 28, 29 e 30.

O que são mandalas?

A palavra sânscrita "mandala" significa "círculo" e, mais especificamente, "pensamento contido dentro de um círculo". Esses desenhos organizados em volta de um centro estão presentes em todas as culturas e têm uma origem ancestral. Seja como representações artísticas dos povos ou carregadas de significação religiosa, as mandalas estão por todas as partes e reúnem em si mesmas a essência do homem: esse núcleo de identidade em relação dinâmica com tudo aquilo que o cerca.

Desde as pesquisas de C. G. Jung, as mandalas ultrapassaram o âmbito do pensamento budista e estão sendo aplicadas com múltiplas funções terapêuticas, pois são muito benéficas para atenuar estados depressivos, casos de isolamento, ansiedade ou estresse. A simples atividade de colorir mandalas põe em funcionamento mecanismos físicos (a vista, o tato, os músculos que dirigem o movimento do traço), mentais (a escolha da cor, sua disposição, o ato criativo) e psicológicos. Este último aspecto é um dos mais interessantes e no qual mais diretamente incide a estrutura da mandala, especialmente se no início e no término da atividade se realiza uma pequena exploração do próprio estado de humor. Isso se deve à participação do hemisfério direito do cérebro no ato de colorir mandalas. Essa parte do cérebro recebe as informações globais, de forma não-verbal, e recolhe uma realidade mais vasta e próxima do mundo sensorial e afetivo. É onde se situam a intuição e a criatividade. Seu domínio são o concreto, os ritmos, as relações espaciais e a compreensão intuitiva. Por tudo isso, é muito importante ativá-lo, visto que tradicionalmente foi submetido à atividade discursiva, racional e dedutiva do hemisfério esquerdo.

Como proceder para o uso terapêutico da mandala:

- Escolha o desenho que mais o atraia neste momento.
- Instale-se em um local tranquilo, onde não seja incomodado enquanto estiver realizando essa atividade.
- É importante uma boa iluminação, de preferência com luz natural.
- Pode acompanhar a atividade com música relaxante, incenso ou óleos essenciais para, assim, estimular os sentidos de forma global.
- Tenha a sua disposição uma ampla gama de cores e de utensílios como canetinhas, lápis de cor, giz de cera etc.
- Você pode transformar o desenho a seu gosto e acrescentar todos os elementos que quiser.

- Para a compreensão dessa atividade, é importante que observe seu estado interno ao começar e ao acabar a pintura. Antes de um trabalho de concentração, dez minutos podem ser suficientes para reencontrar a calma.
- Raramente uma mandala pode ser colorida em uma única sessão, e deve, então, ser guardada até a seguinte. É importante não começar uma nova mandala enquanto a anterior não estiver terminada. Se não gostar de como está ficando ou se se sentir incapaz de terminá-la, é melhor rasgar o desenho.
- As mandalas que apresentamos a seguir não são uma cópia rigorosa dos desenhos modernistas catalães; são interpretações - em muitos casos, foram modificadas para adaptar sobre um plano as figuras tridimensionais, ou para respeitar a estrutura da mandala.

Relação das mandalas modernistas deste livro:

Mandala 1: Park Güell, de Gaudí. Montagem inspirada na metamorfose de um caranguejo ou do signo de Câncer, que se encontra no dorso do banco ondulado da praça do Teatro Grego.

Mandala 2: Park Güell, de Gaudí. Interpretação em plano da chaminé que coroa a torre de entrada do parque, com a representação de uma *amanita muscaria.*

Mandala 3: Park Güell, de Gaudí. Hélice que corresponde a um dos catorze *plafonniers* pequenos que representam as fases da lua.

Mandala 4: Fragmento inspirado no vitral de entrada da casa da rua Roger de Llúria de Barcelona. Obra de Jeroni Granell i Manresa.

Mandala 5: Torre Bellesguard, Gaudí. Detalhe da janela da fachada principal.

Mandala 6: Detalhe de um vitral da Casa Berenguer de Barcelona. Obra de Bonaventura Bassegoda i Amigó.

Mandala 7: Detalhe de um vitral da Casa Berenguer de Barcelona. Obra de Bonaventura Bassegoda i Amigó.

Mandala 8: Vitral do Hospital de Sant Pau de Barcelona, de Domènech i Montaner.

Mandala 9: Composição das rosetas da cripta da Colônia Güell de Gaudí.

Mandala 10: Detalhe do vitral da Casa de les Punxes de Puig i Cadafalch.

Mandala 11: Detalhe do vitral do elevador da Casa de les Punxes de Puig i Cadafalch.

Mandala 12: Composição do vitral de entrada da Casa Oriach (La Garriga), do arquiteto Manuel Joaquim Raspall i Mayol. O vitral é obra da oficina Oriach.

Mandala 13: Palau da Música Catalã, de Lluís Domènech i Montaner. Vitral da sala Lluís Millet.

Mandala 14: Palau da Música Catalã, de Lluís Domènech i Montaner. Detalhe de um mosaico das colunas dos balcões principais.

Mandala 15: Palau da Música Catalã, de Lluís Domènech i Montaner. Detalhe do vitral do aposento social do Orfeão, que agora, reabilitado, constitui o *foyer*.

Mandala 16: Palau da Música Catalã, de Lluís Domènech i Montaner. Interpretação dos mosaicos com motivos florais das colunas do Palau.

Mandala 17: Palau da Música Catalã, de Lluís Domènech i Montaner. Composição em plano da grande claraboia da sala de concertos.

Mandala 18: Palau da Música Catalã, de Lluís Domènech i Montaner. Composição livre dos motivos florais das colunas dos balcões principais.

Mandala 19: Palau da Música Catalã, de Lluís Domènech i Montaner. Detalhe da guirlanda floral.

Mandalas 20 e 21: Lajota do Paseo de Gracia de Barcelona, desenhada por Gaudí.

Mandala 22: Casa Amatller, de Puig i Cadafalch. Composição livre do vitral.

Mandala 23: Torre del Ángel (Matadepera), de Lluís Muncunill.

Mandala 24: Composição do vitral da casa da rua Valencia (Barcelona)

Mandala 25: Casa Navàs (Reus), de Domènech i Montaner. Composição do vitral, obra da oficina Rigalt, Granell i Cia. de Barcelona.

Mandala 26: Casa Navàs (Reus), de Domènech i Montaner. Detalhe de um dos mosaicos.

Mandala 27: Casa Navàs (Reus), de Domènech i Montaner. Detalhe de um dos vitrais.

Mandala 28: Casa Navàs (Reus), de Domènech i Montaner. Composição de um dos vitrais.

Mandala 29: Casa Condeminas de Barcelona. Composição do vitral.

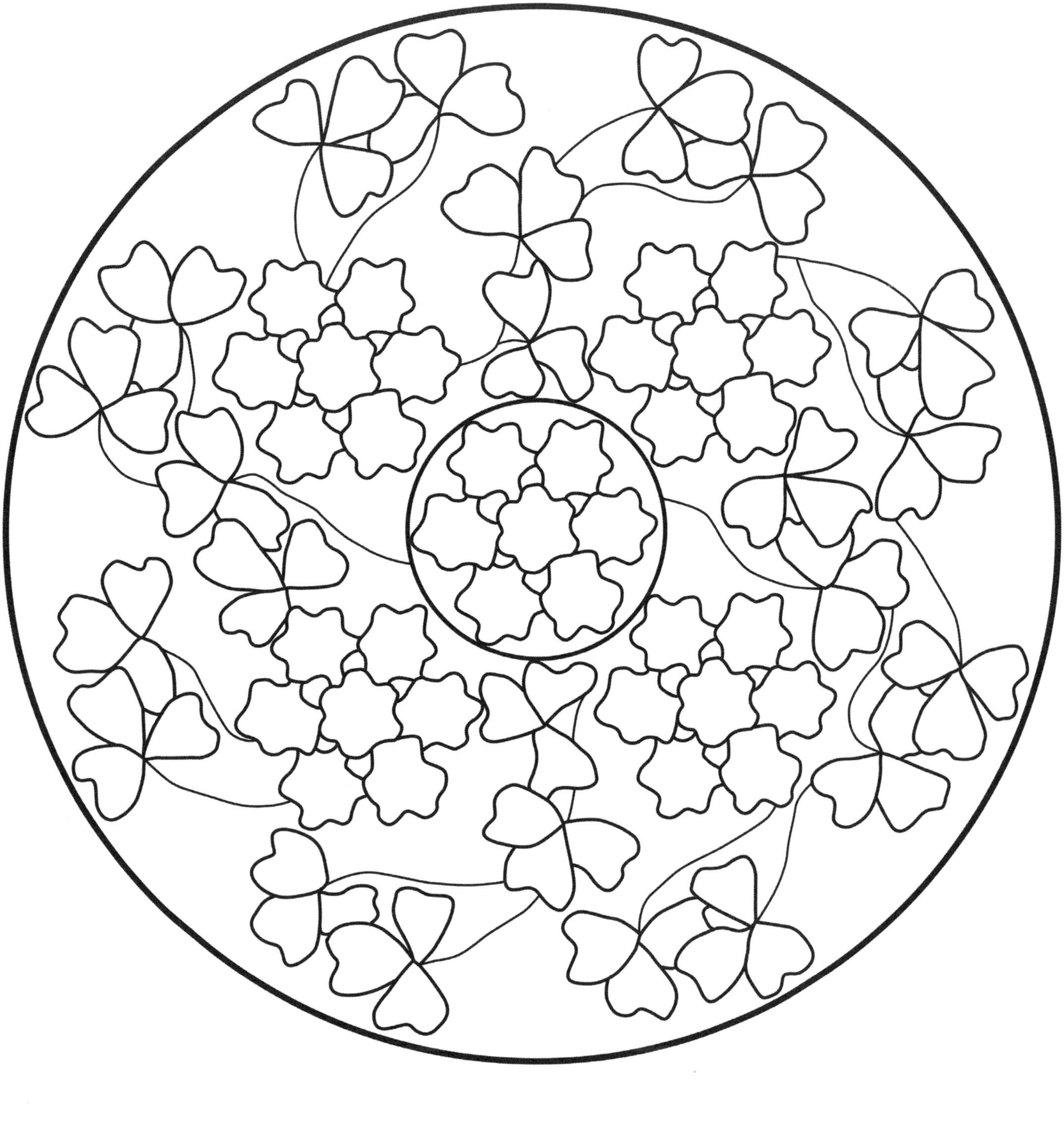

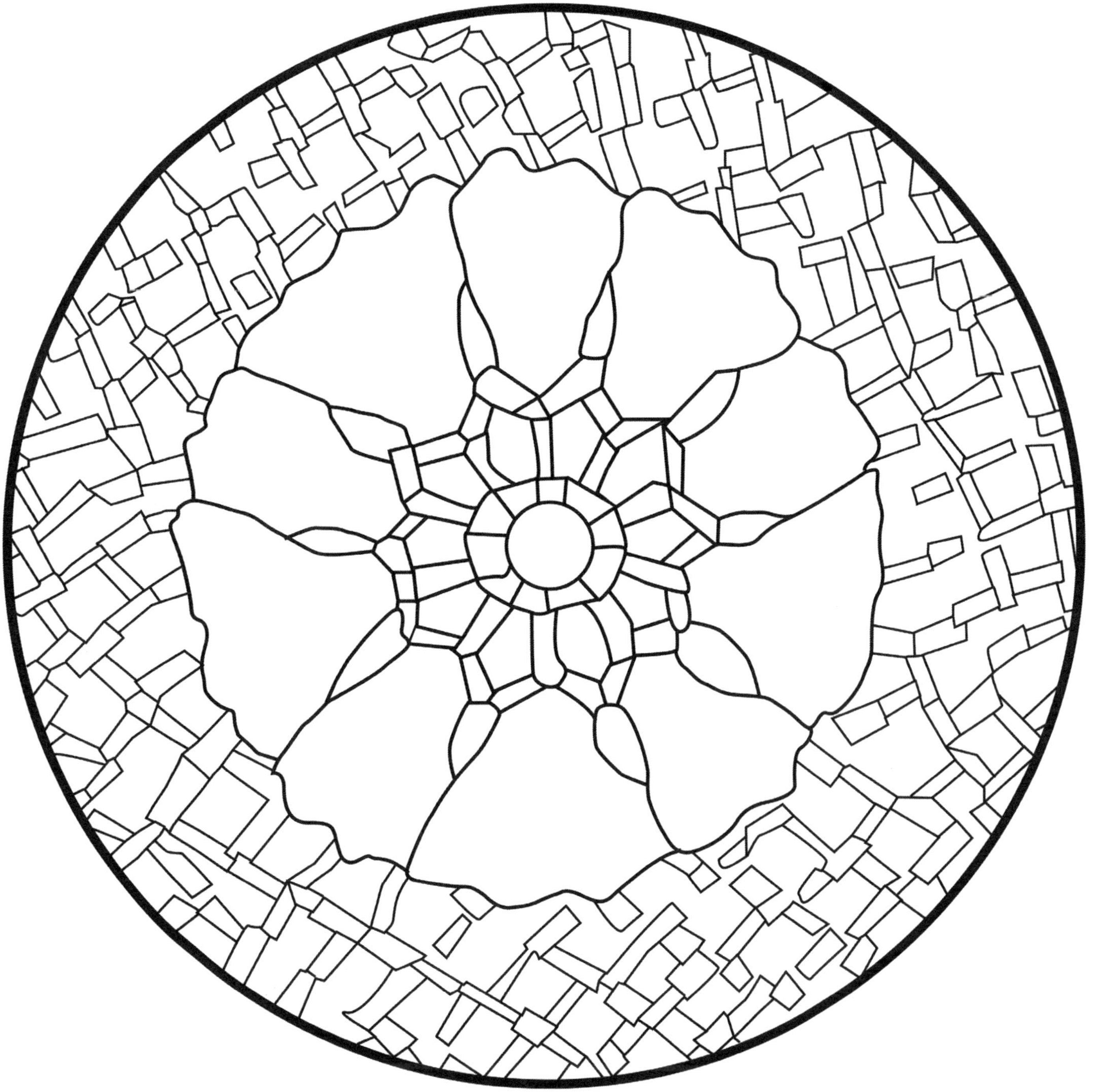

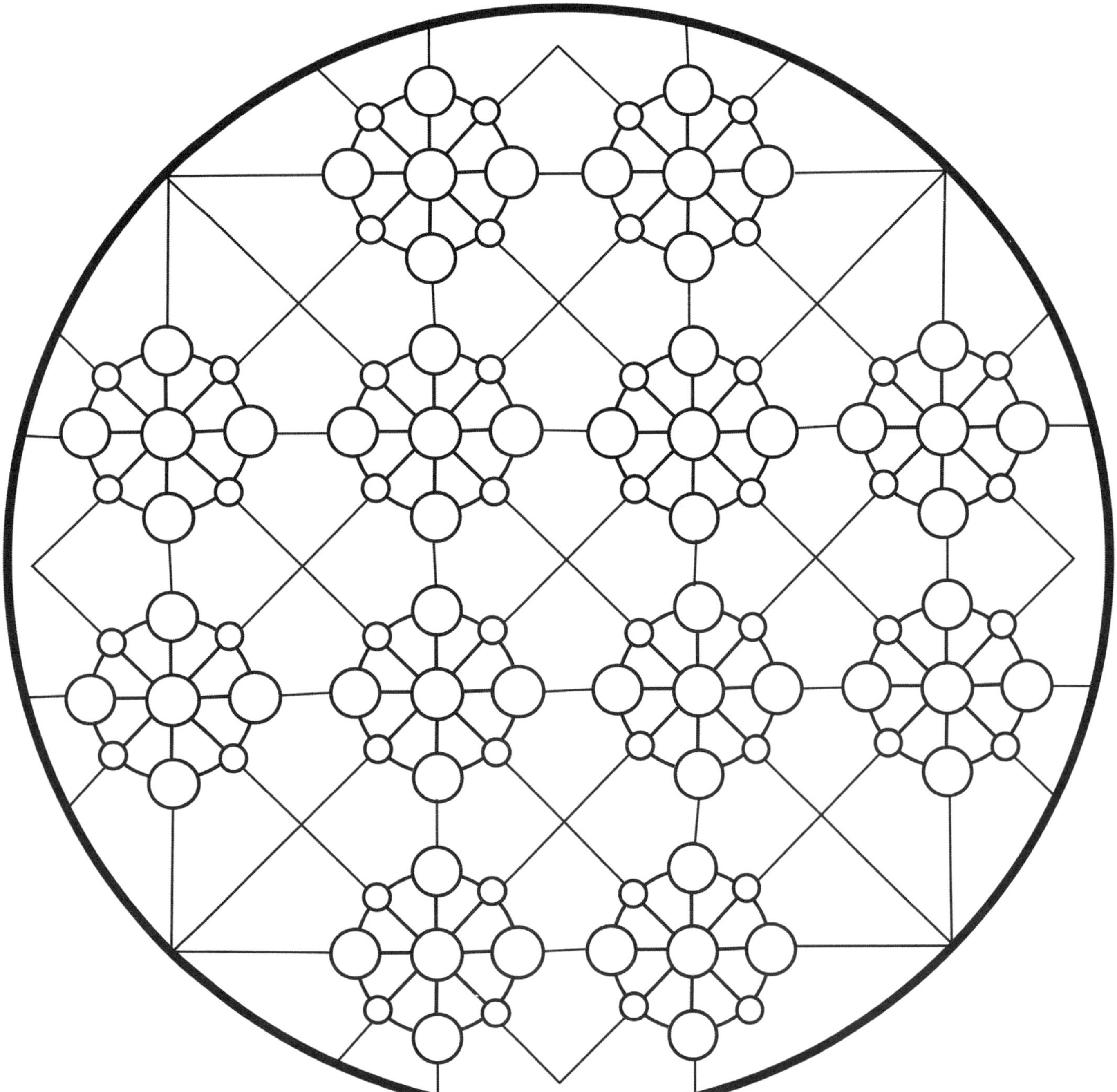

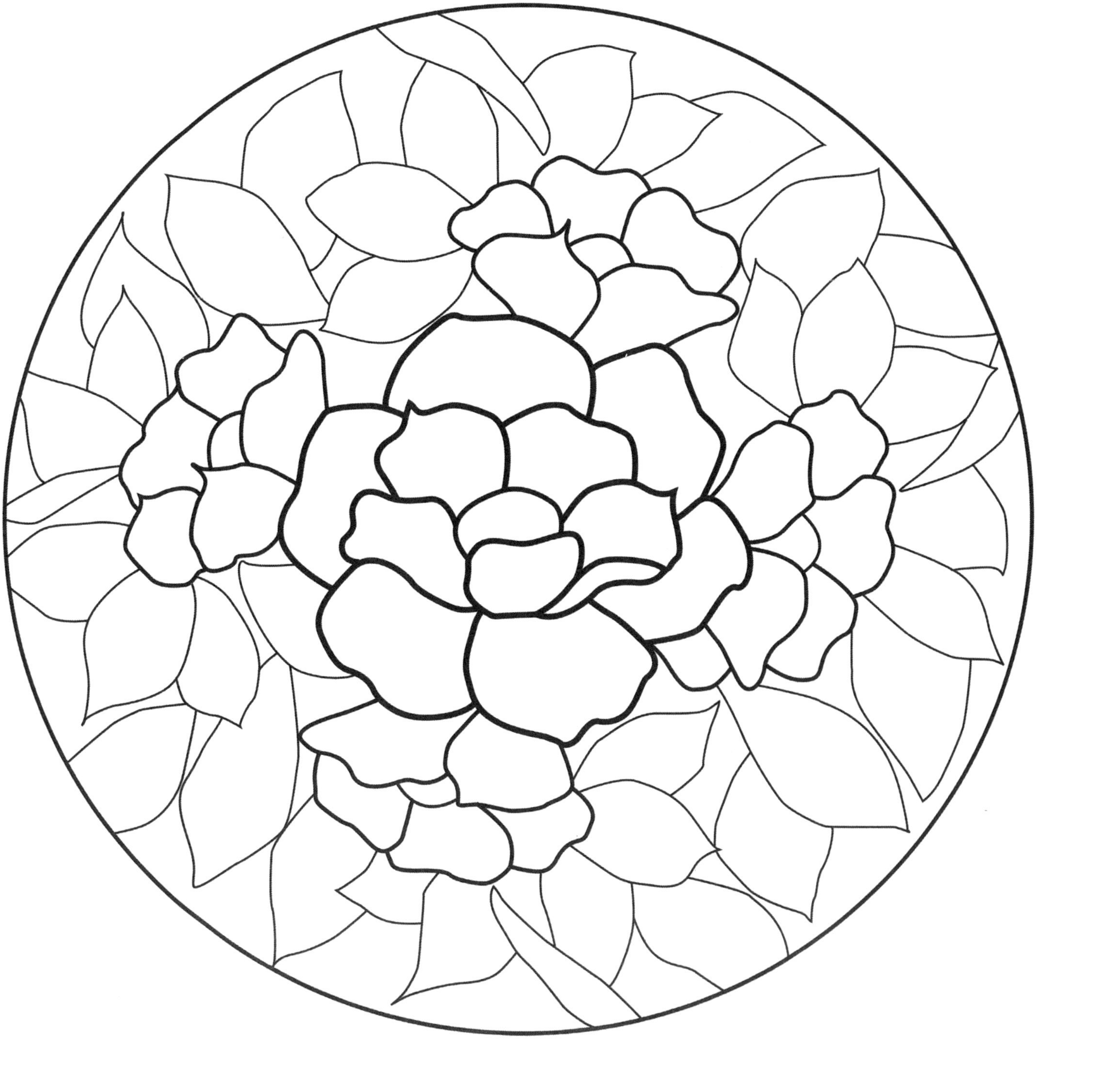

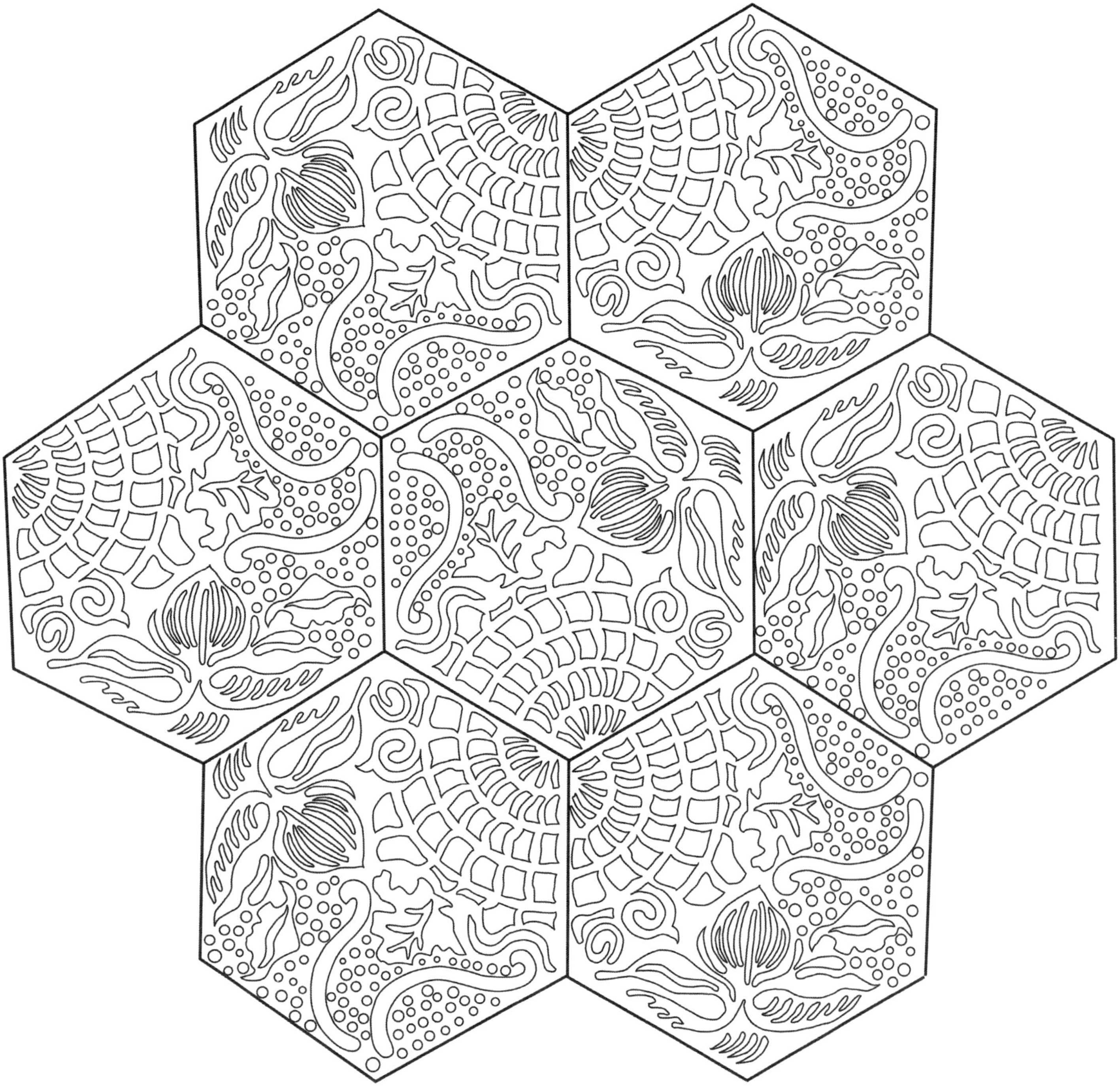

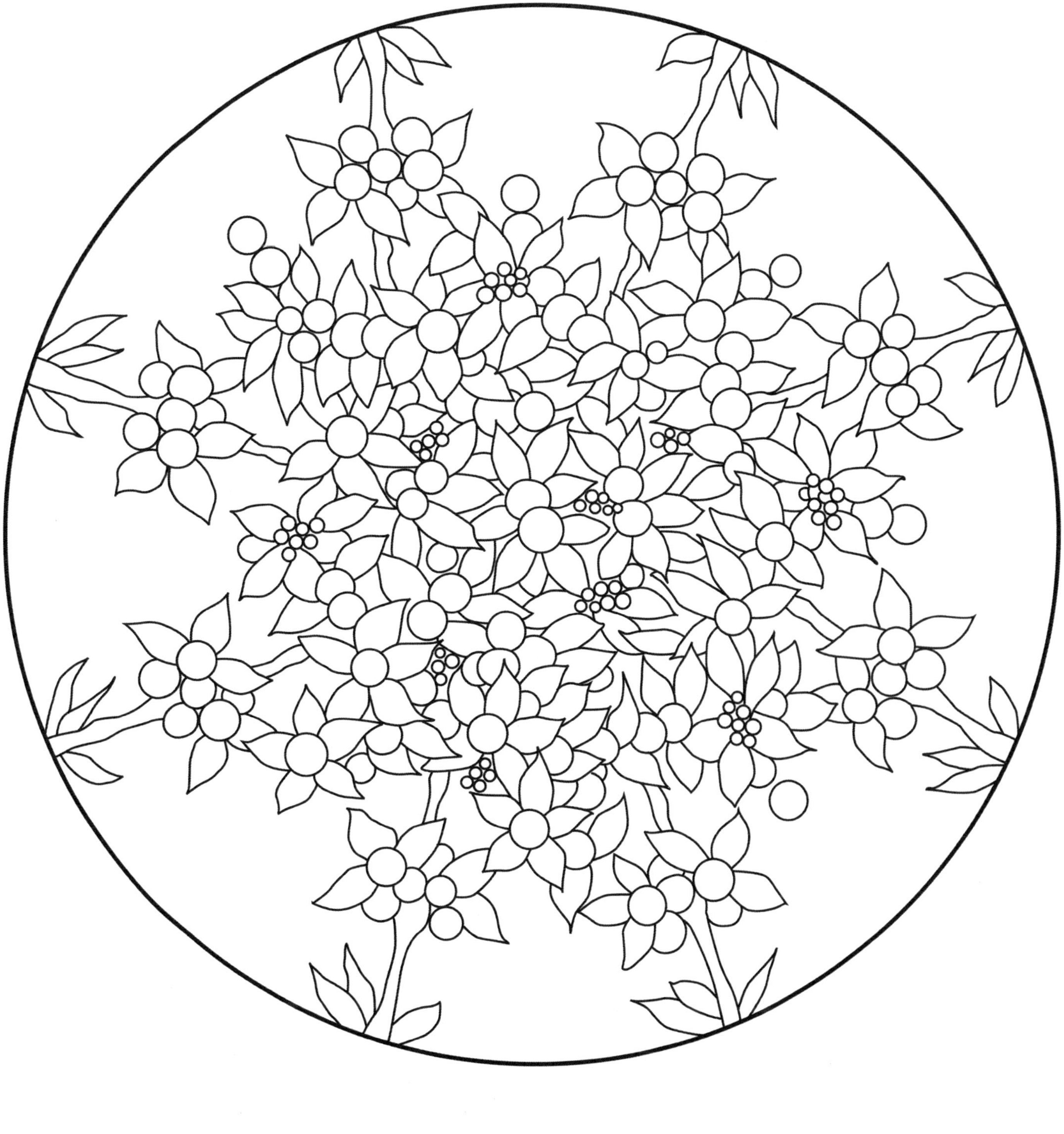

Sua opinião é muito importante!

Mande um e-mail para **opiniao@vreditoras.com.br**
com o título deste livro no campo “Assunto”.

Conheça-nos melhor em
www.vreditoras.com.br
facebook.com/vreditorasbr